Kräuselwald und Gottmaulkrater
Impulsgedichte für Denkbegabte

AF284629

Robert Zobel

Kräuselwald und Gottmaulkrater

Impulsgedichte für Denkbegabte

Bibliografische Information der Deutschen
Nationalbibliothek
Die Deutsche Nationalbibliothek verzeichnet
diese Publikation in der Deutschen
Nationalbibliografie; detaillierte bibliografische
Daten sind im Internet über http://dnb.d-nb.de
abrufbar.

ISBN 9783756218790

11,99 Euro

Viel Spaß mit meinen Gedichten. Sie sind allesamt am 20.05.2022 entstanden und wurden fluggs zu einem kleinen Band geschustert.

Robert Zobel

gartenzwiespalt
durch artenvielfalt

weil jochen seinen garten
"sparte noah" nennt
und ebenso bestückt
gibt es ärger im verein

viel zu grün
viel zu viele insekten
unbekannte pflanzen
kein einheitliches muster
er will besonders sein
anders
das macht er doch extra
sollte man melden
ein verrückter

weil jochen seinen garten
"sparte noah" nennt
und ebenso bedenkt
weiß er
dass er länger da sein wird
als der verein

irgendwann werde ich
ein wundergreis sein
einer
bei dem es nicht
zum wunderkind gereichte
der sich aber so stark durchs
leben zwängte
dass all seine dummheit
dabei abgeschabt wurde

momentan tariere ich
zwischen den stufen
hasche manchmal geniefunken
aber kann sie nicht
richtig wiedergeben
weil meine gehirnzellen zu sehr
zittern

deshalb beschränke ich mich selbst
weil die bisher geschaffene denkkomfortzone
so locker leicht und einfach ist

es fehlen noch ein paar
widrigkeiten
schicksalsschläge
und stolpersteine
an denen ich erschlauen
und mich erweitern kann

erst dann werde ich all
meine kopfergebnisse
in die realität tragen können
und wahrsscheinlich merken
dass mich niemand mehr versteht

muss diese verimpulsierung
ungefiltert einvergeisten
entziehe meinem leibe
jegliche neunsamkeit
öffne mich
lass es durch mich strömen
und kopiere die wellen

hiernach muss ich die
informationen abkapseln
fortpacken und einen kanal
zu meinem bewusstsein legen

am besten dort
wo ähnliches wissen liegt
damit nicht soviele dinge
durcheinanderkommen
wenn der damm bricht

südöstlich von schwanzstetten
liegt ein bein mit haaren dran
südwestlich ebenso
würde man an einem bein oder gar fuss
eine expedition
in richtung norden senden
würde diese durch einen dichten kräuselwald
klettern müssen
und keine feuchtoase vorfinden
sondern ein pochendes ungeheuer

sind sie vorsichtig
beim hinübersteigen
von hodalien nach bauchburg
so wird es ihnen gelingen
und sie sind aus der gefahrenzone

sind sie jedoch laut
mit hartem schritt
unbedacht und unachtsam
so mag es erweckt sein
steigt aus den kräuselwipfeln empor
wird wütend und wirft sich
südwärts
ostwärts
nordwärts
und in die westlichen gegenden

bläuliche adern gehen an ihm
wie blitze
bis zu seinem fürchterlichen
glänzendem kopfe

er wird jeden teilnehmer

in den kräuselwalde
schlagen und quetschen
und am ende seiner
raserei
fruchtbarkeit hinübergeben
die aus menschen
haare macht

kann ich dich noch
kennen lernen
oder ist die distanz
zu groß?

seitdem ich denken kann
denke ich nicht
und setze mich
mit dir
also mit mir
kaum auseinander

ich nehme mich hin
hinterfrage nur andere
und lebe bewusst
stück für stück
in richtung ende

werde ich dort dann erkennen
dass ich mich nicht kannte
oder gehe ich harmonisch
ins nichts?

winkst du vor freude
oder ist es ein hilferuf?
du lächelst dabei
aber das heißt ja nichts
du springst recht hoch
aber vor schreck oder aus glück?

deine grübelfalte ist länger
und tiefer
als dein lachen
vielleicht glaube ich dir
deshalb nicht
dass ich dir guttue

was kann ich tun
dass du freier bist
und das leben so verkonsumisierst
wie es eben vor dir liegt?

soll ich einfach das fragen sein
lassen oder überlegst du noch?

feinste engelware
von einem geiste
der nun wieder auf erden weilt
neue punkte holt und sich schärft

nicht oft benutzt
und für ihre seele
echt passend

damit kommen sie
ganz sicher von wolke
4 bis 5
und schützen ihre
hinterlassenen automatisch
und intensiv
mit imprägniertem
glückspulver

ist auch ganz sicher
kein fake
einfach umlegen
und losfliegen

wieso ich es vor der himmelstür anbiete
und hörner trage?

die abgestrahlte leistung meiner
ausstrahlung liegt im durchschnitt
bei 5 küssen und einem akt
kommt meine stimmfrequenz hinzu
steigert sich die leistung
je nach verwendetem wort

primär ziele ich instinktiv auf
weibliche empfänger
und gehe nach dem motto
"langwelle gegen langeweile"
überrasche
irritiere
lese aus
und wirke ein

elektromagnetische mikroquellen
finden in berührungen fremdporenfelder
und befruchten
so das sympathie entsteht

alles weitere bringen lächelschüsse
giergesten und die ausbreitungsrichtung

alles ganz einfach

hab fürchterlichen heulschnupfen
und die tränen graben falten
bis tief in die mundwinkel hinein
bin regelrecht trächtig mit starker
beeinträchtigung
durch gesellschaftliche meidung
und schleierrotzsicht

müsste mich wirklich
mal deschnotterisieren lassen
um meine hyperflennerei
in den griff zu bekommen

es wird von frau zu frau
schlimmer

bin ein opfer in drei akten
körperverletzung
beleidigung
erpressung

eine akte ist im umlauf
eine bei der staatsanwaltschaft
und eine ist frisch
soeben bei der polizei entboren

mein wiegelenk klickt nicht mehr
richtig ein und immer
wenn ich "wie" fragen will
kommt "wo" und "wer" dabei heraus

vielleicht sind es abnutzungserscheinungen
und ich hab viel zu viel hinterfragt

auch das "was" macht schon die ersten
schwierigkeiten
und ich versuche mich nun schon zu schonen
und einfach andere meinungen anzunehmen

mein maul ist
nur ein einschlagkrater gottes
der mich bei der geburt
auf den mund küsste
und mir das atmen
und meine stimme
schenkte

die kraterränder
sind heute lippen
die nicht beten müssen
sondern prophezeien

meine spucke ist weihwasser
und meine zunge
der lindwurm des herrn
der andere würmer dahinringt
und glücksseligkeit
schenkt

meine glotzkörper
sind vom heiland
aufgehängte laternen
die er auf den schrottplatz erde
warf als sie ihm überdrüssig wurden

dabei traf er den leib
meiner mutter
und schenkte mir
weitsicht
tränen und sonnenblumen
im see

meine wimpern sind

kleine antennen mit denen
ich durch und in jeden menschen sehen
kann

der rest meines körpers ist
rein menschlich